NICOLÁS GUTIÉRREZ LLOVERAS

Superar la adicción a los videojuegos

Una guía práctica

Diseño de portada; Dirección artística por Aurora Muñoz, diseño gráfico por Nicolás Gutiérrez, fondo por Aurora Muñoz, elementos gráficos por tutsplus.com en Flaticon.com y Alvaro Cabrera en Freepik.com, tipografías de Yusril Muhtadi, JLH Fonts y NAL, FontStructions.

Second edition

Cover art by Aurora Muñoz Ginés

This book was professionally typeset on Reedsy.
Find out more at reedsy.com

Este libro no hubiera sido posible sin la inestimable experiencia que he adquirido mediante el aprendizaje con casos de adicción o abuso de videojuegos y comunidades de todos los idiomas que trataban el tema.

Este libro es un tributo a todas aquellas personas, dependientes de la adicción, que necesitan cambiar su estilo de vida y no saben por dónde empezar.

Les debo agradecimientos especiales a mi pareja por aguantarme y a mis padres por haberme criado con tanta paciencia.

Contents

Introducción

Bienvenido, querido lector.

Una pequeña aclaración antes de que empieces con tu lectura; los videojuegos no son malos en sí mismos, de hecho actualmente se consideran parte de la cultura y son vistos como obras artísticas y dignas de alabanza histórica. Sin embargo, hay personas que disfrutan de forma abusiva de estos productos y es a estas personas a quien va dirigido el libro.

Este libro pretende ayudarte de forma profunda sobre un problema de adicción y de abuso sobre los videojuegos (a partir de ahora, *juegos,* para acortar) que primero tienes que querer solventar de verdad. No servirá de nada que adquieras esta obra si después de leerla no pretendes luchar por ti mismo y aplicar todo lo que te recomiendo.

Por ello, te haré unas primeras preguntas para guiarte, sé totalmente sincero cuando te respondas a ti mismo.

¿De verdad quieres dejar de jugar?

No respondas inmediatamente, te invito a que te leas un fragmento de este libro y lo pienses. En primer lugar, reflexiona por qué te has interesado por este libro. ¿Te han obligado a leerlo, o ha sido iniciativa tuya? o, ¿Tienes problemas para concentrarte en tus tareas a causa de los juegos?

Antes de nada quiero hacerte una pequeña reflexión personal; es posible que la sociedad pierda cada día más la oportunidad de conocer a grandes genios, inventores, escritores, periodistas, etc. Sin darse cuenta, estas personas (entre las cuales podrías estar tú) malgastan sus energías en los juegos, que están especializados en entretener y mantener el interés del usuario, de una forma mucho más eficaz que cualquier otra tarea productiva.

Los juegos tienen el potencial de evitar el aburrimiento con el cual se daría lugar al uso de esas maquinarias cognitivas tan magníficas que los genios poseen, que les permitirían reflexionar con profundidad para planificar su vida y al final encontrar aquello en lo que son talentosos donde acabarían brillando. Esto es como tener un diamante gigantesco en bruto y usarlo de martillo, para clavar clavos, solo porque es divertido y parece ser suficiente duro. Pero clavar clavos no te hará feliz a largo plazo.

¿Crees que cumplirás tus sueños si le dedicas la mayor parte de tu tiempo a un simulador?

¿Crees que las grandes figuras de la humanidad hubiesen llegado hasta donde llegaron si se hubiesen pasado el día jugando a juegos?

Con esto, no quiero decir que no se deba nunca de entretener a las grandes mentes. Todo lo contrario. Una mente privilegiada probablemente es del tipo que más estímulo necesita para mantenerse interesada en algo.

Lo que quiero decir es que cuando el entretenimiento se convierte en hábito y resta la actividad útil del cerebro, entonces es cuando no tiene sentido, sobre todo si no parece posible terminar con la costumbre. Cuando mantenemos a una gran mente entretenida en tareas inútiles estamos malgastando tiempo y dinero en algo que no lo merece. De alguna manera, estamos tomando la pastilla azul, nos suicidamos intelectualmente, en vez de tomar las riendas de nuestra vida y desarrollar nuestro potencial para ser felices en vez de solo divertirse, que al fin y al cabo es lo que de verdad importa.

Yo me llamo Nicolás, soy psicólogo y no me arrepiento de mi decisión de haber dejado los juegos. Ahora soy más feliz que nunca. Todas las metas que me pongo a mi mismo las estoy cumpliendo.

Como seguramente te ha pasado a ti, muchas de las personas que he conocido no me nombraban por mi nombre real. He sido un otro explorador del mundo virtual como tú; he vivido miles de aventuras, he tenido cientos de conversaciones y encuentros interesantes por internet. He conocido a grandes personalidades, pero todo eso ha tenido un elevado precio en mi vida y definitivamente no mereció la pena. No quiero que tú sigas pasando por lo mismo.

He hecho este libro porque quiero ser práctico, no he visto ningún otro libro en el mercado que cumpliera con las expectativas de alguien que, como yo, pasa por un problema de este tipo. Mi intención no es hacer negocio... si lo fuera, el libro sería otro libro vacío más. Estoy harto de los abundantes libros que prometen que vas a conseguirlo todo en tu vida, que te garantizan las claves del éxito sin mover un dedo. Prometer es gratis, y algunos cobran por ello. En pocas palabras, he aprendido que no todo es tan fácil sin un mínimo de esfuerzo, pero sobre todo, sin un mínimo de ayuda.

Todo aquel que te diga lo contrario, miente.

Yo me encargaré de informarte sobre las posibles razones específicas de, si me permites llamarlo así, tu "adicción" a los juegos. Te daré todas las herramientas que me han ayudado para que puedas trabajar tu problema y resolverlo definitivamente desde ahora. Pero no solamente te servirá para dejar los juegos. Probablemente, todo lo que aprendas con este libro te será útil para dejar otras adicciones, para superarte a ti mismo cada día con una mayor productividad y para mejorar tu calidad de vida en general.

Sin embargo te aviso de que, para que veas resultados, debes implicarte.

Está muy bien leer un libro y pensar que ya lo has conseguido, pero detrás de cada uno de los consejos que te voy a dar, hay otro factor indispensable. ¡Tú! Se requerirá que trabajes en ello y reflexiones. Necesitas comprometerte o de lo contrario estarás perdiendo tu tiempo.

Estructura del libro

Análisis a fondo: En esta parte analizamos y reflexionamos sobre los juegos. Esta parte te servirá si necesitas pensar sobre los juegos y su papel en tu vida. Al mismo tiempo, aprenderás cosas fundamentales sobre cómo pueden estar afectando los juegos a tu cerebro.

Apartado práctico: Esta es la esencia del libro, lo que te hará volverlo a consultar a menudo. En esta parte desarrollo conocimientos específicos de la adicción que te servirán para guiarte, también añado diversas técnicas, herramientas prácticas e ideas para que tú las puedas aplicar a tu vida y dejar los juegos.

Para finalizar, tenemos mi historia personal con los juegos para que puedas ver en qué experiencia se basa el libro y qué tipo de jugador era, a la vez que te permitirá tomar conciencia de un ejemplo real de alguien como tú.

Personalmente, recomiendo leer el libro en orden y punto por punto, pero eres libre de leerlo a tu gusto. Un ejemplo sería leer primero mi historia personal y luego pasar directamente a la parte práctica.

Esta obra contiene un conocimiento de toda una vida de experimentación en carne propia y varios años de investigación en miles de publicaciones. Se han realizado cientos de entrevistas íntimas a personas con el mismo problema y se han realizado seguimientos de docenas de casos que se han podido solucionar de forma satisfactoria. Te aseguro que no encontrarás otra obra literaria pensada en tratar el problema de la adicción a los juegos en español más trabajada, contrastada y estudiada. Esta obra representa uno de mis mayores trabajos vitales y espero que te pueda ser de utilidad a ti o a cualquier conocido que lo necesite.

Espero que disfrutes del libro tanto como yo he disfrutado tanto el aprendizaje, como la aplicación de los conocimientos en casos reales y que te sirva de verdad para cumplir con tus objetivos.

Nicolás Gutiérrez.

Análisis a fondo

La adicción

T odo juego tiene un final. Siempre habrá un momento en el que te empieces a aburrir y dejes de jugar. La vida no es así; si te aburres de tu vida entonces sí que estás perdido pero de verdad.

Antes de explicarte la forma de dejar los juegos, creo que no estaría de más informarte y hacerte reflexionar sobre lo que los juegos causan en tu cerebro, a nivel molecular.

Si tienes muy claro que quieres dejar los juegos y lo deseas, eres libre de ir directamente a la sección práctica del libro.

La adicción a los juegos puede convertirse en un problema muy serio. Hay personas que creen que los juegos no pueden tener la capacidad adictiva de una droga. Nada más lejos de la realidad. Jugar a juegos desencadena efectos muy parecidos a través de ciertas "recompensas" acumulativas que el juego representa para el jugador (a partir de ahora, lo llamaremos *gamer*): mediante recompensas, sensación de libertad, aleatoriedad, conexión con otras personas, entre otras necesidades más específicas que resultan cubiertas. El juego (y en ocasiones los desarrolladores que lo han programado) parece ser el que te usa a ti, y no al revés.

Y no es solo eso, sino que en casos de personas con facilidad para engancharse, jugar suele ser una actividad acompañada de otras substancias adictivas como el tabaco, el alcohol o el azúcar, ya que de alguna forma se está aumentando aún más la segregación de dopamina mediante todos los productos combinados, y se intenta llegar al máximo nivel de placer, cosa que pasa factura más pronto que tarde. Y no hablemos de drogas duras, eso sería en casos más graves.

Con la creciente cultura *gamer*, cada vez es más común oír frases como "los videojuegos son mi pasión", esto ocurre en parte porque cada vez jugar es una actividad más normalizada y ahora por fin empieza a dejar de ser algo tan estigmatizado por la sociedad, pero eso no quita que haya aún problemas graves que se esconden detrás del abuso de los juegos.

En la adicción no hay implicada intención de la persona por estar adicta, esto debería de quedar muy claro, ya que la persona se guía mayormente por impulsos naturales que debe saciar. Ni siquiera, pensando en factores químicos, importa si la persona se lo está o no pasando bien. Es curioso cuando lo piensas, y es que hay juegos que parece que están pensados para ser adictivos. Por muy simple que sea el mecanismo o la misión del juego en sí, siempre tienen alguna característica que te engancha, que te impulsa a volver a jugar pronto.

Los desarrolladores de juegos de hoy en día han aprendido mucho de los mecanismos de adicción utilizados en los casinos, un invento perfecto de manipulación psicológica que ha sido exitoso desde hace generaciones, ahora implementado en juegos mediante la aleatoriedad.

Algunas de estas franquicias, entre otras cosas, utilizan un truco psicológico que consigue el mismo efecto que tienen algunas series de televisión de gran éxito. Te dejan a medias en el último minuto del capítulo, con la intención de que acabes casi desesperado por ver el próximo ¿Te suena?

Esta misma estrategia que te hace quedar atrapado la puedes ver también replicada en grandes obras literarias y películas. Es conocido como el "efecto *cliffhanger*" y consiste en una última imagen o frase en un capítulo, que genera una sensación de intriga impaciente mediante una imagen o palabra chocante para el espectador y es un elemento que genera una cierta adicción, porque le deja con ganas de más.

El tipo de juego más adictivo, al menos bajo mi punto de vista, es el de los juegos en línea. Tienen un aliciente extra: el incentivo social, en el que ya ahondaremos profundamente y que empeora los síntomas de la adicción.

Para hacernos una idea, pongamos por ejemplo un juego muy conocido: *League of Legends,* (a partir de ahora *LoL*) que es un juego en línea, del género MOBA, un género que últimamente está muy reconocido entre los *gamers* habituales de ordenador.

MOBA es un acrónimo del término inglés *Multiplayer Online Battle Arena* (Arena de Combate Multijugador Online), y se refiere a un estilo de juego derivado de los juegos de estrategia en tiempo real, donde el jugador controla un personaje y forma equipo con otros jugadores con el objetivo de destruir la base del equipo contrario. Para convertir este género en una lucha en igualdad de condiciones, el terreno suele ser simétrico para los dos equipos. Entre otras sutilezas, generalmente el primer equipo que destruya la base enemiga, gana.

En el *LoL* hay un factor decisivo que motiva a las personas a seguir jugando. Aparte de tener las típicas recompensas de los juegos clásicos; rangos, oro, niveles, experiencia... que también pueden atrapar al *gamer*, utiliza ese truco del que estamos hablando: tiene el aliciente extra de poder jugar con tus amigos y ahora está la nueva posibilidad de hacer dinero jugando a este juego en campeonatos, como lo que se conoce como *gamer profesional*, catalogando el juego como un deporte electrónico o un *e-Sport*, tal y como se nombra normalmente. No entraré en si un juego puede o no catalogarse como deporte, pero creo que está bastante claro que podría ser un peligro para según qué tipo de personas.

El mundo de los *e-sports* ha impulsado a muchas personas a jugar muchas más horas de las que deberían ya que, como bien es sabido, el dinero es el aliciente más poderoso. Es la razón por la cual muchos de nosotros podemos pasarnos horas haciendo una tarea que ni siquiera nos gusta repetidamente, lo que comúnmente llamamos *trabajar*.

Esto es contraproducente, en primer lugar porque como hay tantas personas intentando llegar a conseguir dinero por jugar. Se genera mucha competencia y resulta casi imposible conseguir dicha meta (por lo cual las expectativas no son realistas). Como segunda condición, debes de mantenerte mientras te entrenas con algo de dinero y así poder desarrollar tus habilidades lo suficiente como para acaparar algo de fama y captar la atención de "promotores", para ello debes de hacerte famoso. La principal manera es realizar vídeos o retransmisiones en directo de tus partidas mediante plataformas como *YouTube* o *Twitch*, lo cual incrementa forzosamente aún más las horas de juego obligadas. Generas un compromiso contigo mismo, porque quieres alcanzar ciertas metas, y con tus seguidores, que te piden más contenido.

Los *gamer* que retransmiten sus partidas, en ocasiones ven recompensados sus esfuerzos en el juego por sus "colegas de oficio", y esto incrementa a la vez su adicción a los juegos. Es un círculo vicioso, bromas aparte.

Las consecuencias en tu salud de jugar muchas horas seguramente deducirás por lo que he dicho anteriormente que no son agradables, pero créeme si te digo que pueden ser mucho peores de las que has vivido hasta ahora, y podría empeorar mucho mientras te vayas haciendo mayor. He conocido casos realmente agonizantes al respecto. Si la persona está muy adicta, es realmente como si sufriera algunos síntomas de una droga muy fuerte, pero que no resulta tóxica para su cuerpo; pueden olvidarse de comer, padecer graves problemas de salud, depresión, aburrimiento e irritabilidad cuando no están jugando, irresponsabilidad, visión desviada de la realidad, ansiedad, carencia de habilidades sociales, o incluso ataques al corazón. Ya son varios los casos conocidos de *gamers* que transmitían sus partidas en vivo y que tras una maratón jugando les dio un ataque cardiovascular.

Cuando la adicción a los juegos empieza a ser peligrosa es justamente cuando, sin darnos cuenta, perdemos el control sobre la cantidad de tiempo que vamos a jugar. Para saber si estás en este estado, simplemente recuerda si alguna vez te has dicho a ti mismo "voy a jugar solo un rato y luego hago esta tarea", siendo esa tarea un deber tuyo, que debería de estar por encima de tu partida.

Recuerda si ese "rato" que tenías previsto se alarga mucho más de lo que deseabas en un principio, sea cual sea la excusa que te pongas a ti mismo para continuar, es muy probable que ya hayas entrado en la zona peligrosa.

Por ponerte un ejemplo muy claro, puedes pensar en jugar 10 minutos, y luego te das cuenta, demasiado tarde, que esos 10 minutos de partida que tenías previstos se convierten en 2 horas, o incluso en una tarde entera perdida. Eso significa que has perdido el control sobre tu tiempo de juego y no deberías de sentirte cómodo con ello, ya que eso sería mentirte a ti mismo. Y cuando negamos la verdad es precisamente cuando empiezan los problemas.

Desconozco tu edad, pero si seguimos la media actual es posible que seas adolescente o estés entrando en la adultez. Imagínate a ti mismo con 40 años y con varios hijos. Pregúntale a quién quieras para confirmarlo; si quieres ser un buen padre, que estoy seguro de que sí, apenas tendrás tiempo para jugar a juegos, y si lo tienes será porque dejarás de lado otras responsabilidades. ¿Quieres ser esa persona para tus futuros hijos? ¿Le harías eso también a tu pareja?

Si te has sentido identificado con cualquiera de las situaciones que te he mencionado, plantéate seriamente dejar los juegos. Yo no te voy a decir qué debes hacer, solo voy a servirte de guía si de verdad quieres dejarlos. Es una gran lucha, pero si te esfuerzas y sobre todo explotas todo lo que te aporto en este libro, lo conseguirás fácilmente.

No importa si te tienes que releer alguna sección o si recaes en los juegos veinte veces. Todo eso es completamente normal. Lo importante es que vuelvas a levantarte y yo te voy a ayudar a través de esta obra que ahora es enteramente tuya para aplicar cómo y cuándo quieras.

La dopamina

¿Qué te aporta realmente jugar?

A los usuarios más adictos, la actividad de jugar y lo que se consigue con ella genera cierto placer. Está científicamente probado que durante actividades placenteras como jugar a juegos se desencadenan una serie de elementos químicos en nuestro cerebro que hacen que sintamos placer, actuando como recompensa. Para algunos incluso llega a superar otras experiencias catalogadas generalmente como muy placenteras o adictivas. Haciendo así que el jugar a juegos se convierta en una prioridad frente a otras actividades, si estamos hablando de sentir más placer.

Uno de los principales elementos que interaccionan con las neuronas de nuestro cerebro son los neurotransmisores conocidos como la dopamina. Son en parte responsables de que nos gusten tanto los juegos, y es exactamente lo que nos motiva a seguir jugando. Es un mecanismo que se activa automáticamente para muchas personas, y lo generamos nosotros mismos a través de ciertas experiencias que a veces ya se pueden catalogar como adictivas. Incluso llega a haber cierto síndrome de anticipación a la actividad, llegando a sentir placer incluso cuando se sabe que se vivirá dicha experiencia en un futuro próximo.

Todo el mundo segrega una cierta cantidad de dopamina cada vez que algo le genera placer: ya sea hacia su plato favorito de comida, un momento alegre con los amigos o, tal y como he dicho, durante las sesiones de juego.

Es completamente normal, le ocurre a todo el mundo. No hay por qué alarmarse ya que es un mecanismo primitivo que siempre hemos tenido y es como somos la mayoría de nosotros; podemos sentir dolor o placer y eso nos condiciona luego a tomar otras decisiones y tener preferencias de todo tipo; lo que nos lleva a sobrevivir. De hecho, si no hubiesen tenido ninguna utilidad para nuestra supervivencia es probable que estas características no se hubiesen ido pasando en los genes de padres a hijos a lo largo de las generaciones.

Ahora que sabes esto, echa un momento la vista atrás y explora en tus recuerdos más vivos relacionados con los juegos.

¿Cómo recuerdas el momento en el que descubriste los juegos?

¿Es un recuerdo vago, o recuerdas de forma muy viva ese momento, incluyendo sensaciones y pensamientos?

Si el descubrimiento de los juegos fue para ti un evento poco importante, es probable que más tarde los redescubrieras de alguna forma y empezases a sentirte más emocionado por jugarlos desde un punto inicial, un momento en el que cambió tu perspectiva. Hablo de esa primera impresión.

Estos son momentos cargados de emociones, que se te han quedado grabados en tu cerebro. La dopamina es la encargada de que las memorias de estos grandes eventos, que puedes evocar con facilidad gracias a la conexión que tienen con tus emociones, te impulsen a jugar más para volver a vivir estas experiencias o similares. Lo cual por desgracia es imposible en la mayoría de los casos. No se puede volver a vivir una primera experiencia.

La dopamina en realidad no es un enemigo. Este elemento químico se encarga simplemente de buscar esa recompensa que tanto placer te ha dado en el pasado y es una respuesta que los seres vivos hemos desarrollado durante siglos de evolución frente a las experiencias, acumuladas en nuestros genes.

Si tenemos dicho mecanismo en nuestra manera de ser es porque antes funcionaba, pero nuestros ancestros lo utilizaron para recordar sitios donde cazar, encontrar fuentes de alimento o viajar. No existían antes los *gamers* y este sistema no está pensado para la actualidad, de ahí a que el ser humano sea vulnerable a substancias adictivas como el café, el tabaco, el alcohol e incluso el internet y los juegos.

Hoy en día, algunos somos esclavos de ese sistema químico que funcionó en el pasado; sin pensar mucho en las consecuencias de nuestras acciones, nos aferramos a una adicción y dejamos que la vida siga su curso. Decimos "necesito café para ser yo mismo/a" cada mañana, sin darnos cuenta de lo grave que es el depender tanto de una sustancia para "estar bien", aunque el café en realidad es una droga muy suave, y en ocasiones hasta es sana.

Dejamos de lado grandes sueños y metas que queremos cumplir e incluso a veces redirigimos nuestra vida en favor de nuestras adicciones. Son casos así los de muchos nuevos diseñadores de juegos que han sido personas muy adictas. Es ahí cuando la adicción se demuestra más peligrosa y es cuando, si eres sincero contigo mismo, descubrirás una verdad que pocos se atreven a ver; necesitas dejar tus dependencias para ganar tu completa libertad.

Es decisión tuya el seguir dependiendo. Nadie te tiene físicamente agarrado por el cuello y te hace tomar café, beber alcohol o coger un mando de consola. Eres tú mismo que dejas que tu cuerpo actúe como ha sido programado y dejas que tu "autopiloto" te guíe hacia donde sea.

Al principio de tus intentos por dejar de jugar, notarás cada vez con más lucidez ese circuito que has ido construyendo de dopamina con los años y probablemente sea lo que más te haga intentar volver a jugar, de forma subliminal tu cerebro se las maquinará para engañarte y hacerte caer en la tentación.

Pero yo estoy seguro, querido lector, de que si has llegado hasta aquí eres suficientemente listo y tienes suficiente voluntad como para combatir esos instintos primitivos y, como no, automáticos. Suprimiendo así al cavernícola que todos llevamos dentro, a ese ser que se deja llevar por puros impulsos y no piensa antes de actuar.

Potenciando la mente con juegos

Una de los argumentos que más he oído que los *gamer* dan frente a otras personas, cuando se les acusa de estar adictos, es el de que los juegos son en realidad una especie de ejercicio mental y que los juegos tienen ciertas propiedades que entrenan al cerebro en algunas habilidades. Puede ser cierto que son una actividad mental, estimulante y divertida, pero...

Déjame decirte que eso es una simple excusa, es una estrategia que yo mismo he utilizado para convencerme de que los juegos eran buenos y que todas esas horas invertidas me aportaban resultados. Cuando en realidad no era para tanto.

Este tipo de concepto surgió de ciertos estudios que afirman que los juegos comportan un ejercicio mental, aparte de un entretenimiento. No estoy insinuando que estuviesen errados en sus conclusiones, pero no hay que tomárselo como algo definitivo o que pueda ayudarte realmente en tu vida diaria.

Por ponerte un ejemplo; hay estudios que afirman que *gamers* que han dedicado miles de horas a los *shooters* (o juegos de disparos) como *Call of Duty* tienen por ejemplo muchos más reflejos visuales al ser capaces de ver más rápidamente nuevos elementos en la pantalla con entrenamiento. Esto tiene mucha lógica si tenemos en cuenta que para jugar a los *shooters* y ser realmente bueno, se debe tener o desarrollar una habilidad para detectar más rápido a tus enemigos, sobre todo cuando eres un soldado que corre de escenario en escenario encontrándote por sorpresa con nuevos enemigos. Tu cerebro se adapta a estas circunstancias porque cree que lo necesitas, es algo completamente natural.

Otro buen ejemplo sería el de los juegos de estrategia, como Dota 2; es evidente que jugando a este tipo de juegos entrenas tu capacidad de planificación y tu conocimiento del campo de batalla así como de las posibles tácticas que tu enemigo pueda tener en mente. En este caso, te podrías convertir en un maestro de la estrategia, aplicable a dicho juego o a otros muy parecidos. Siempre dentro de los límites que representa el juego.

No hay que olvidar que las habilidades que obtenemos en un contexto sirven para ese contexto; el cerebro es como la arcilla blanda y sus capacidades se modifican según nuestras necesidades. Gracias a esa capacidad los seres humanos nos adaptamos a cualquier situación con el tiempo, es decir: con perseverancia podemos ser maestros de cualquier disciplina.

Santiago Ramón y Cajal, un hombre sin talento que a través de su propio esfuerzo llegó a obtener un premio nobel en medicina, sugirió que las neuronas de varias áreas de nuestro cerebro se adaptan a las actividades que hacemos y extienden sus raíces a medida que ganamos experiencia, este desarrollo de la neurona, sirve para ayudarnos a realizar cada vez mejor una tarea que hacemos muy a menudo. Es por eso, que tras suficientes horas de entrenamiento, una persona puede convertirse en un gran músico, aprenderse un tema para un examen o convertirse en un experto en cualquier materia. Tenga o no talento.

¿Esperabas, acaso, que siendo nosotros seres vivos que han sobrevivido millones de años, no tendríamos estas capacidades evolutivas?

¿Sigues queriendo invertir esa energía y capacidad potenciales en un juego?

Me gustaría que reflexiones sobre lo siguiente:

¿Quieres obtener estas posibles habilidades que te proporcionan los juegos o, por el contrario, prefieres desarrollar y mantener las que tú elijas; que te sirvan verdaderamente para lo que quieres ser habilidoso en la vida?

Siendo más concretos: ¿Prefieres participar en una simulación de algo que nunca harás o prefieres entrenar alguna habilidad que te pueda servir en el mundo real?

En realidad, es muy frustrante intentar convencer a alguien que prefiere no escuchar algo que le duele demasiado, porque es imposible lograrlo en contra de su voluntad; por ejemplo, a un amigo *gamer* no lo conseguirás llevar a tu terreno si no lo ve él mismo, sabe reconocerlo humildemente y en el momento correcto, seguramente como te pasó a ti.

Se suele decir que ante opiniones que no nos interesan, formamos una barrera mental y escuchamos solo lo que nos conviene, con el fin de reforzar nuestro discurso interno y mantenernos en nuestra posición, más convencidos que nunca. Es por eso que las discusiones nunca acaban bien, aunque parezca que has convencido a alguien en contra de su voluntad, acabará más convencido que nunca de su propio discurso.

Los psicólogos sabemos desde hace mucho tiempo que es elección tuya abrir tu mente.

Depende de ti dar un paso adelante en tu vida, madurando y dejando a un lado algo que te está quitando horas valiosas. Depende de ti quedarte en la mediocridad, absorbido por distracciones y trucos mentales.

Pasando a la acción

Las verdaderas razones por las que juegas

Acontinuación te explicaré varias de las causas que psicológicamente impulsan de verdad a las personas a seguir jugando, lo que causa la dependencia. La mayoría de personas adictas a los juegos, lo son porque gracias a ellos cubren alguna necesidad que en su vida real no sabrían cubrir, ya sea porque es la mejor manera que conocen o por puro hábito inconsciente.

Hablaremos, pues, de las principales razones que conozco para estar adicto a los juegos. No tienes por qué cumplir con todos los requisitos ni sentirte identificado con todos los puntos. El cometido de esta parte, es que detectes cuáles son las necesidades que los juegos cubren por ti y puedas hacerte responsable de ellas, trabajando en ellas.

La imagen de uno mismo

Gran parte de las personas que juegan en exceso a juegos, sobre todo del género del rol, tienen lo que se podría conocer como una disociación de identidad.

La imagen que tienen de sí mismo es poco realista, por lo que muchas veces acceden al juego para crearse un *alter-ego* con el que identificarse y crear una nueva identidad.

Este tipo de gente se detecta fácilmente cuando acomodan su identidad a su hábito; dicen que jugar a juegos es su estilo de vida, que son *gamers* y es lo que quieren ser siempre. Hasta que un día, como seguramente tú, se dan cuenta de que, en su caso particular de dependencia, es lo mismo que oír decir a un alcohólico que beber alcohol es un estilo de vida, que son *drinkers*.

No sé si soy yo pero... ¿No suena un poco a excusa?

El *gamer* que tiene esta necesidad, y si el juego lo permite, puede llegar a crear varios avatares dentro del juego, a veces con las características físicas y psicológicas que él desea tener en la vida real. Esto demuestra un interés en evadirse de la realidad y asociarse uno mismo con una nueva identidad que ha sido creada virtualmente.

A veces se llega incluso a confundir entre la identidad real y la virtual o en casos más graves, esta última acaba ganando mucha más importancia que la verdadera. Un claro ejemplo para detectar esto último sería dejar de lado los proyectos de vida personales por ser alguien con una identidad ideal, como un gran líder en un juego en línea. O las personas que invierten una excesiva suma de dinero en su personaje virtual, ya sea en complementos estéticos o para hacer al personaje más poderoso.

Esta necesidad es difícil de reconocer por uno mismo, pero una vez se ve claramente puedes empezar a trabajar en tu propia identidad. La mayoría de *gamers* que padecen de esta alteración, suele tener una autoestima o noción de sí mismos bastante errónea; creen que no tienen la capacidad o personalidad que muestran a través de sus personajes, o la resistencia física potencial para aguantar cosas como las que han experimentado sin darse cuenta a lo largo de su vida. Sin dudas, es una visión de sí mismo alejada de la realidad.

Para plantar cara a este reto personal, puedes hacer varias cosas como consultar a personas que te conozcan bien sobre características tuyas: puedes pedirles que te describan o digan directamente cosas buenas que tú tienes. Todo eso apúntatelo en algún sitio que puedas consultar más tarde.

Luego de apuntar los aspectos positivos sobre ti que dicen la gente de tu confianza, compáralos y observa en qué están todos de acuerdo. Si ves que no te crees ninguna de esas cosas sobre ti mismo, tienes una verdadera prueba de que no estás siendo justo ni realista contigo mismo.

Debes de quererte tal y como eres, y es más sencillo de lo que parece; piensa en cómo fuiste, todo lo que has hecho a lo largo de tu vida.

Ahora piensa lo siguiente "Yo era así en ese momento de mi vida", acéptalo, acepta que fuiste de esa forma, que actuaste como lo hiciste porque eras así en ese momento de tu vida. Ahora eres la misma persona, pero puedes escoger actuar de otra forma y ser alguien distinto, aprender de tus errores es fácil si te lo propones. No te critiques a ti mismo por lo que has hecho o dejado de hacer en el pasado, no te va a servir de absolutamente nada si no tomas cartas en el asunto y empiezas a actuar.

Aceptarse a uno mismo, significa aceptar el hecho de que lo que haces, sientes y piensas en ese momento, es solo una expresión momentánea de ti mismo y no tiene por qué definir toda tu personalidad o todo lo que hagas a partir de ese momento.

Puedes potenciar tus aspectos positivos ensalzándolos con el desarrollo de tus propias habilidades innatas; por ejemplo, conocí hace un tiempo el caso de alguien que cometía el error de querer ser el gracioso de un grupo de personas cuando en realidad no tiene un gran sentido del humor, aunque, si tiene una gran habilidad para tranquilizar a los demás cuando hay problemas. Esa habilidad la puede desarrollar asumiendo que su rol no es el del bufón del grupo, y que lo que a él se le da bien es ser un templo de paz y harmonía para el grupo, donde todos se pueden reunir y relajarse. Puede convertirse un poco en el mediador del grupo, o incluso en un líder, en vez de ser al que se le ríen las gracias.

Dependiendo también de si lo que sucede es que tienes problemas que realmente te bloquean, algo que puedes hacer es ir directamente a por ellos y tratar de conseguir ser lo contrario (es decir, el opuesto de lo que odias de ti mismo), siempre con un mínimo de sentido común y madurez. No seas nunca alguien que no quieres ser.

Para ayudarte aún más vamos a realizar un pequeño ejercicio. Te recomiendo coger un papel donde escribir.

Esta es una técnica que funciona muy bien, es lo que me gusta llamar "la mesa redonda". Consiste en aprovechar todo el bagaje sobre personajes que te han gustado a lo largo de tu vida, personajes que hayan dejado huella en tu experiencia. Da igual si no has jugado a juegos de rol. Estoy seguro de que hay alguna figura, persona o personaje que admiras ya sea dentro de los juegos o fuera de ellos.

Imagínate a ti mismo sentado en una de las sillas de una gigantesca mesa redonda. Ahora ves colocando en esa mesa a todos esos personajes que alguna vez te han inspirado, que te han provocado sentimientos de admiración, o con los que alguna vez te hayas sentido realmente identificado. No importa si estos personajes son de juegos o no, tal y como he dicho anteriormente.

Puedes imaginarte que charlas con ellos y estos te hablan de las cosas que saben hacer y que tanto te gustan. Puedes coger un papel y apuntar todas esas características, cada una de las virtudes que te están explicando.

Por ejemplo; a mí me gustaba mucho un personaje llamado Dante, de *Devil May Cry* porque era muy valiente y luchaba sin dudar dos veces contra todos los peligros, incluso burlándose de ellos. Lo que yo voy a hacer será apuntar en un papel "*Dante*": *es valiente, tiene coraje frente a los enemigos, muestra mucha confianza en sí mismo.*

Una vez tengas todos los atributos apuntados, sigue leyendo.

Una vez tengas todo listo, estate preparado porque voy a darte una pequeña revelación: debes de tener en cuenta que lo que admiras de estos personajes, en el fondo representa una parte de ti que tienes o que quieres desarrollar. Eres capaz de ser igual o más fuerte que ellos y por eso mismo los admiras; esa es la verdadera función de la admiración hacia los demás.

Reconoces una parte de ti en ellos y eso hace que reacciones de esa manera. Verás como otros personajes que odias pueden demostrar cosas que no te gustan de ti mismo, o personajes que te son indiferentes no reflejan ningún aspecto tuyo. Toma en cuenta este pequeño secreto y guárdalo contigo para siempre. En realidad eres alguien valiente, con coraje, y lo conseguirás realmente si dejas que tu mente desbloquee esas características que forman parte de tu esencia.

Prueba de ello, está en que te gusta lo que te estoy diciendo y en el fondo estoy seguro de que crees que eres capaz, pero que tienes un potencial que probablemente aún no hayas conseguido destapar. Solo hay que darse cuenta. Para algunos puede llevar minutos, para otros casos más difíciles lleva tiempo. Realiza una nueva lista reflejando todos los atributos que quieres desarrollar a partir de lo que has visto ahora y revísala cada día para recordarte quién eres realmente. Deja que el tiempo te ayude a digerir lo que acabas de descubrir sobre ti mismo y prueba dichas características poco a poco.

Yo mismo he vivido pruebas de ello, y es que esta técnica es muy útil para descubrirte a ti mismo a través de tus experiencias en los juegos.

En realidad, esta es una de las principales razones por las cuales hay adicción a los juegos de rol. Si me has hecho caso, aprenderás a quererte a ti mismo, y no solo a los personajes que has sido toda tu vida. Tú eres el personaje que los ha controlado a todos, piénsalo de esta forma. Las soluciones que te doy más adelante te serán muy útiles durante tu proceso de auto-aceptación.

Si crees que todo esto no es suficiente y, por tanto, debes tratar con más detalle el tema de tu autoestima, siempre es recomendable consultar con un especialista. Eso no tiene ser malo, todo lo contrario; en caso de necesidad es la mejor solución. Es lo más inteligente y te puede ayudar donde no llegue este libro.

Socialización

Esta necesidad es mucho más común en los juegos en línea, que es donde surgen la mayor parte de los *gamers* adictos hoy en día. La necesidad de socialización es la lógica necesidad que tenemos todos los seres humanos de entablar amistades con otras personas y sentir que alguien nos apoya, que las personas nos quieren tal y como nos mostramos en el juego. Tal y como *se supone* que somos en realidad.

Hacer amigos en los juegos no tiene por qué ser algo contraproducente. Incluso se recomienda conocer a gente dentro del juego para endulzar la experiencia, pero lo malo es cuando estas amistades aparentemente virtuales se convierten en grandes relaciones a distancia que inclusive llegan a obtener una mayor importancia que las reales.

Cuando una persona detecta que tiene esta necesidad, es una señal de alarma para darse cuenta de que se necesita más actividad social, ya que el juego hasta ahora estaba cubriendo esta área de su vida. No estoy hablando de salir de fiesta, ni mucho menos, ya que no es necesariamente algo relacionado, pero sí hay la necesidad de conocer a gente nueva, entablar amistades, tener grandes conversaciones con otras personas.

Mis sugerencias sobre esto son que te abras a nuevas relaciones con gente de tus círculos cercanos. Intenta que personas cercanas que te presenten a amistades que no conozcas, interésate por los demás, busca a otras personas que quieran dejar de jugar a juegos y compartid vuestras experiencias, incluso puedes buscar grupos por las redes sociales o crearte un nuevo perfil lejos de todos los amigos que, sin querer, te influencian a aislarte jugando.

Si decides, a lo largo del libro, descubrir nuevos hobbies, busca en grupos que tengan afinidad contigo. Por ejemplo: si quieres empezar a ir al gimnasio, intenta entablar conversación con los compañeros de máquinas o busca grupos por las redes sociales de entrenamiento personal, comparte opiniones sobre varios ejercicios, pregunta y resuelve dudas, etc. Consigue integrarte en otros grupos diferentes mostrando tu simpatía e interés, y conseguirás distanciarte de los juegos más rápido de lo que esperas.

La soledad es muy negativa en personas adictas, y se han descubiertos claros ejemplos a lo largo de la historia de la psicología que ejemplifican claramente la necesidad del ser humano de estar conectado con otras personas. Una de los cientos de pruebas que puedes encontrar en nuestra sociedad es el de la existencia de las mascotas "de compañía"; no existirían si no fuera porque hay una necesidad fundamental de estar acompañados.

La soledad es lógicamente uno de los mayores desencadenantes de las adicciones, y por intuición ningún primate (humano o no) se queda solo si puede evitarlo. Por eso mismo se crearon las cárceles, como uno de los peores castigos que puede recibir un ser humano, piensa detenidamente en ello.

Progreso y logros

Esta necesidad va muy ligada con la de socialización y es que demuestra nuestra necesidad de reconocimiento, sea con uno mismo o no. Es las ganas de sentir que realmente estamos haciendo algo de valor en nuestra vida.

Los logros, igual que el efecto del coleccionismo de objetos virtuales, son ni más ni menos que la suma de pruebas de que la persona ha cumplido con un propósito o misión, y es reconocido por ello de forma simbólica y virtual. El efecto psicológico de los logros se acentúa en los juegos en línea, ya que a veces se incluye el reconocimiento de parte de otros jugadores, inclusive consiguiendo a veces su subordinación hacia ti, cuando consigues ser una figura dominante dentro de un grupo, lo cual aumenta la adicción porque la responsabilidad dentro del juego implica una cierta obligación a seguir jugando diariamente si estamos hablando de clanes o grupos de gente que te compromete.

Es peligroso, porque los logros en los juegos lógicamente son algo virtual, no existente, y hay *gamers* que tienden a confundirse. Proclaman ser el campeón de algo cuando en realidad solo saben jugar bien a una simulación, pulsando botones en el momento correcto.

Actualmente, el riesgo de adicción por este tipo de recompensa está aumentando, ya que los logros son cada vez más sofisticados en los juegos, llegando a generarse salones de fama y condecoraciones de cosas que se han conseguido, con sistemas de puntos y torneos... con recompensas económicas incluso. Potencialmente es algo muy arriesgado, pero hay que ver los logros como lo que realmente son; un engaño, una mentira. Has conseguido alguna hazaña, pero ese algo no se verá reflejado en tu vida real y debes de tenerlo muy en cuenta.

Al detectar esta necesidad, estamos viendo que sientes una falta muy clara de reconocimiento en tu vida por parte de los demás o que te mereces un prestigio y un cierto liderazgo que no tienes actualmente. Esto va muy ligado con el tema de la autoestima, y es que debes de saber conocerte muy bien a ti mismo para saber que esas necesidades pueden estar cubiertas en cuanto empieces a creer más en ti mismo.

Si realmente no tienes problemas de autoestima y lo que sucede es que tienes problemas en tu contexto actual; si crees que las personas de tu alrededor no te reconocen como deberían, házselo saber o si eso no es posible intenta que empiecen a verte de otra forma, actuando como debes ser o como realmente has sido siempre durante tu reconocida carrera de líder en el mundo virtual.

Busca conseguir logros reales, en tu vida diaria. Lo que yo te explicaré más adelante te ayudará enormemente en conseguir lo que desees y estará muy relacionado con ese sentimiento de reconocimiento que necesitas, pero asegúrate que no sea culpa de una baja autoestima.

Exploración

Todos los juegos tienen un apartado gráfico, un apartado estético que a algunas personas les gusta admirar y explorar. El interés suele estar relacionado con las aventuras que se van a vivir, los paisajes que se van a ver, el diseño visual de las cosas e inclusive las diversas canciones que se podrán producir a lo largo del recorrido virtual.

Lo que sucede, probablemente, es que tienes un interés de naturaleza artística por los juegos. También debes de tener en cuenta que si solamente cubres esta necesidad con los juegos, es muy probable que no seas realmente un adicto, sino alguien artísticamente interesado en ellos. Aunque debes de tener en cuenta que si la exploración del juego te afecta negativamente en varios aspectos de tu vida, debes tomar en consideración dejar de jugarlos tan asiduamente

Al cubrir esta necesidad con un juego, lo que puede ser también es que lo juegas porque te interesa el argumento, o el arte visual. Independientemente de lo que sea, ten en cuenta que esta necesidad se cubre muy fácilmente con otras obras que contengan dicho contenido, es decir:

Si lo que te gusta de los juegos son la mitología, los personajes y las tramas argumentales, puedes dedicarte a *explorar* otras tierras, como bien pueden ser la literatura de ficción y de fantasía, o ver películas, series y leer cómics con un buen argumento cubrirá esta necesidad. También toma en consideración la profesión de escritor; es posible que todo esto te llame la atención porque seas un potencial escritor de ficción, sin saberlo.

Si por el contrario, lo que te llama la atención es el arte visual o musical de un juego, ten en cuenta que tienes muchas otras producciones con los mismos atributos (ya sean películas, arte, etc.). También toma en consideración el empezar una carrera relacionada con la pintura, el diseño gráfico o la música. Siempre nos quedan cosas por descubrir sobre nosotros mismos.

Si con esto no tienes suficiente, siempre te puedes dedicar a observar cómo otros juegan, que para algunos resulta más gratificante y entretenido. Pensarás que eso no tiene ninguna diferencia con jugar, pero te equivocas. Ver cómo otros juegan, en *gameplays* o streamings, a pesar de parecer una pérdida de tiempo, puede darte lo que quieres de los juegos sin necesidad de gastarte dinero ni invertir tanto tiempo en ellos para ver todas las cinemáticas.

Muchas personas acaban dejando los juegos más fácilmente viendo a otros jugar, ya que es una experiencia parecida, pero a veces uno acaba dejando de interesarse en los juegos viéndolo desde esa perspectiva más lejana. Y eso es bueno para ti...

Las etapas

Aunque cada uno es un mundo, los seres humanos tenemos cierto parecido entre nosotros en cuanto a las etapas que cada uno pasa cuando quiere solucionar problemas de este tipo. De ahí a que existan los psicólogos que aplican a sus clientes teorías sobre, por ejemplo, el duelo (es decir, el proceso por el que pasamos cuando algún ser querido muere). Pero no voy a hablar del duelo aquí, ya que eso es otro tema.

Yo pasé por varias etapas que en parte recuerdan al duelo, es decir, es como tener una pérdida pero afectando a tu vida cotidiana. Lo que perdemos es un hábito, no un ser querido.

Estas etapas que identifiqué en mi proceso no tienen por qué ser iguales ni en el mismo orden para todo el mundo y tampoco se basan en ningún estudio en particular, aunque por experiencia propia y por comparaciones que he hecho con otros casos, estoy seguro de que te identificarás con todas.

Negación

Esta primera etapa es muy común para los *gamers* más experimentados y adictos.

Sufren la misma primera etapa que se tiene durante el duelo, ya que dejar de jugar a juegos en parte representa una pérdida importante de una costumbre en sus vidas. Durante esta etapa, que no suele durar mucho tiempo, el *gamer* experimenta una sensación de incredulidad consciente ante la decisión de dejar los juegos. No acaba de hacerse a la idea de cambiar su estilo de vida y piensa en todo lo que se perderá si deja de jugar a juegos.

Sin embargo, el *gamer* debe de pasar por esta etapa para digerir la importancia de dejar de jugar tanto a videojuegos y de darse cuenta de lo nublado que tenía el juicio hasta ahora. Es muy probable que ahora mismo tú, que lees este libro, estés en esta etapa, pero tu lucha solo acaba de empezar.

Los *gamers* no serían como son, ni jugarían, si no fuera porque les interesa estar alejados de la realidad de alguna forma. La vuelta a la realidad puede ser muy dura para alguien que no la acepta, y este libro precisamente está pensado para ayudar en ese aspecto (ver sección anterior)

Esta etapa puede ser tan breve que parezca inexistente, así que no te alarmes si no pareces haberla sufrido. Lo más probable es que te encuentres en una etapa más avanzada.

Rompiendo el hábito

Al haber sido un hábito, el dejar de jugar a juegos deja un vacío en tu vida. Ahora hay mucho tiempo vacío en cosas que hacías cada día que ahora no puedes hacer, incluso a veces te vas a encontrar con momentos en los que no sabrás qué hacer y te aburrirás mucho. Sentirás una constante necesidad de volver a estar jugando a tus juegos favoritos, o incluso recordarás viejos tiempos y tendrás ganas de revivirlos. Te puedes llegar a obsesionar. No te preocupes, es normal que estés unos días así. Esto es un síndrome de abstinencia.

Debido a tu adicción, es muy posible que experimentes dificultad para concentrarte en cualquier cosa que quieras hacer y experimentes algo de depresión. Se te pueden ir las ganas de hacer cosas al principio, pero es aquí el momento en el que tienes que empezar a actuar.

Recuerda que debes hablar de tu decisión con gente cercana a ti de la que puedas recibir apoyo en los peores momentos y a la que poder recurrir luego.

En esta etapa te recomiendo que consultes a menudo este libro, a poder ser las secciones: el control ahora lo tienes tú.

Regateo

Esta etapa es como la anterior, pero más intensa. Durante un tiempo, tendrás tentaciones constantes de volver a jugar, y esto te puede pillar con la guardia baja.

Tu cerebro, buscando la dopamina, empezará a regatear contigo. Te pedirá jugar a cualquier cosa, aunque sea el juego más tonto de móvil, que normalmente no estarías interesado en jugar antes. Incluso experimentarás momentos en los que tu mente intentará engañarte para realizar actividades relacionadas con los juegos, con excusas bien argumentadas. No le hagas caso, solo lograrás aumentar tus ganas de volver a jugar.

Yo mismo me encontré en medio de esta etapa cayendo en la tentación de jugar a juegos de deporte o de coches. ¡Cuando yo siempre los he odiado, qué tonto me sentí!

Esta etapa es en realidad tu mayor enemigo, aquí te encontrarás la verdadera dificultad de dejar de jugar.

Por si te resulta muy difícil de aguantar, te servirá mucho esta clave: Divide tu vida en compartimentos estancos muy pequeños, pensando en lo que vas a hacer durante ese día o incluso solo durante la hora siguiente, viviendo cada momento, ganando así batallas internas con cada uno de estos esfuerzos, intentar distraerte con otras tareas que te gusten y así superar poco a poco este sufrimiento, que cada vez será menor.

Cuando empiezas a pensar que "ya no estás enganchado" porque has caído en probar un juego y parece que controlas tus impulsos. Hazme caso; es una trampa. Esta es otro camino para volver a empezar a jugar y, si te paras a analizar detenidamente no tiene sentido;

¿Vuelves a jugar porque ya no te enganchan los juegos?

Si los juegos no te engancharan, o no los disfrutases tanto como antes, deberías buscar otra cosa porque la actividad de jugar pierde el sentido si deja de ser divertida. A menos que sea un mal hábito que obviamente habría que romper.

Durante esta etapa puedes caer y volver al principio muchas veces dependiendo de tu caso. Si ves que estás a punto de perder la batalla, no desfallezcas y sigue luchando. No importa cuantas veces te caigas, lo importante es volverse a levantar y nunca rendirte.

Si quieres algo de ayuda, analiza entonces el porqué sigues buscando los juegos en tu vida, revisa la sección de "Verdaderas razones por las que juegas" e intenta suplir las necesidades que cubrías con los juegos, tal y como te expliqué ahí mismo. También es muy importante que si estás en esta etapa, explotes al máximo los otros consejos que te doy más adelante.

Al aburrirte, puede que tu cerebro intente aprovecharse de otras adicciones, como el alcohol, el tabaco o incluso la TV. Ten cuidado con esto, ya que solo estarás sustituyendo una adicción por otra y nunca saldrás del círculo vicioso. Aburrirse a veces es importante para curarse. En este caso, más que nunca.

Dejarás de aburrirte con el tiempo. La vida empezará a tomar más significado cuantos más segundos pases sin jugar. Créeme, lo verás todo de otro color y luego mirarás atrás y te recordarás a ti mismo, con una sonrisa burlona.

Aumento de capacidades

¿Buscas mejorar tus capacidades con los juegos? Pues ahora verás lo equivocado que estabas.

Esta etapa para mí es la mejor. Si lo has hecho bien, aún es posible que tengas tentaciones de volver a jugar, pero no son tan fuertes como antes. Lo característico de esta etapa, es que te sientes mejor contigo mismo, sientes que recuerdas mejor cosas de tu vida cotidiana, que te concentras más, que en general rindes mejor en tu vida ya que vives más el momento. Esto se debe a que la zona de tu cerebro que ocupaban los juegos, ahora empieza a ser ocupada por tus otras actividades y necesidades. Si te llama la curiosidad esto y te encuentras en esta etapa, te recomiendo que te leas o releas, ahora con este enfoque, las secciones: juegos potencian mente

Paz

Esta es la etapa ideal, donde todos los que dejamos los juegos queremos entrar y que sea permanente. Entras en esta etapa cuando ves los juegos de otra forma y ya no tienes siquiera la tentación de jugar. Ves los juegos como algo lejano, aunque no olvidas que formó parte de ti en algún momento de tu vida.

A partir de ahora, no necesitarás los juegos para "sentirte feliz" o divertirte, y eso te hace más libre, más independiente. Podrás jugar de vez en cuando, pero si lo has hecho bien no sentirás necesidad de volverte a enganchar.

Tu vida será plena y feliz, y la diversión vendrá después.

El control ahora lo tienes tú

Los juegos te quitan tiempo. El tiempo que pierdes, lo pierdes *para* dejar de *pensar en cosas que* podrías *hacer,* en *reflexiones que podrían llevarte a* grandes ideas y proyectos.

Piensa en lo que te gustaría ser. En aquel sueño que parece casi imposible. Desconozco la edad que tienes, pero si eres del tipo de *gamer* promedio tendrás entre 15 y 30 años. Aún estás a tiempo de conseguir aquello que más deseas.

Los juegos han sido un mata-tiempo para ti.

De todas formas,

¿Por qué quieres matar el tiempo?

¿Tiene alguna finalidad real o es un círculo vicioso?

Es posible que hayas perdido oportunidades en la vida por jugar ¿Pero no es hora ya de empezar a buscarlas por ti mismo? No permitas que sigan estorbándote. Deja las distracciones en un segundo plano. La pregunta que seguramente empezará a surgir ahora por tu mente es cómo. De eso quiero hablarte.

Es muy posible que en algunos momentos pensarás "puedo controlarme" o "soy dueño de mis actos" y seguidamente afirmes "puedo jugar el rato que desee y luego dejarlo tranquilamente" o "puedo ser un *gamer* casual". Para conseguir eso que te propones, deberías tener una voluntad de hierro y ser disciplinado e implacable en tus decisiones.

Si realmente pudieras hacer eso, no estarías donde estás ahora porque, obviamente, no estás así por voluntad propia, no has pasado por todas estas experiencias que están mermando tu vida y tu futuro porque te ha apetecido. No es solo que hayas sido inconsciente de cómo te han manipulado, es que nadie te ha dicho hasta ahora cómo funciona tu cerebro en los juegos.

Cuando juegas, puedes perder el control sobre el tiempo que juegas porque obviamente dejas de pensar en el momento presente o en la realidad de tus obligaciones y tareas. Si eres como yo era, te pierdes en el juego e incluso olvidas cosas importantes que tenías que hacer ese mismo día. En definitiva, parece como si perdieras el control sobre tu mente durante ese período, es como si un agujero negro absorbiera todos tus problemas por un tiempo.

Pero, si ahora mismo toda la electricidad del mundo se apagase para siempre y por tanto los juegos dejasen de existir, sobrevivirías. Podrías sufrir un período de desintoxicación forzosa, en contra de tu voluntad, eso sí, pero acabarías dejando de jugar porque no habría posibilidad. Es más, tu nuevo estilo de vida podría llegar a ocuparte tanto tiempo que te acabarías olvidando y empezarías a sentirte feliz de verdad, sin acabar de entender el porqué. Habrías dejado de lado una gran adicción.

Actualmente te podrías tomar el lujo de buscar una salida secundaria muy calculada que te permitiese seguir jugando con un control, pero deberías de conocerte a ti mismo suficiente como para saber con qué tipo de juegos (aquellos que no te causen adicción) o cuando puedes hacerlo. Bajo mi punto de vista la moderación es posible, pero es un camino muy difícil y vale más la pena centrarse en dejarlos por completo, al menos durante un buen tiempo.

Todos tenemos una potencial fuerza de voluntad, pero es como el fumador que quiere empezar a fumar mucho menos al día; al final seguirá consumiendo igual o más que anteriormente justo con argumentos como "yo controlo". Es un hábito, no se puede cambiar tan fácilmente, y cuanto más tiempo lleves jugando a juegos, más difícil será. Debes hacerlo bien para llegar a ese punto ideal en el que los juegos solo son una cosa más, no el centro de tu interés.

No te engañes a ti mismo, así solo conseguirás alargar el proceso innecesariamente.

¿Podría **jugar con moderación?**

Aunque resuelvo esta respuesta en la última sección, la respuesta corta es "no ahora mismo". La moderación con algo que te ha generado adicción anteriormente es imposible a corto plazo (3-4 meses), en los peores casos incluso a largo plazo resulta difícil de mantener. Tu cerebro se adaptó al uso abusivo de ese estímulo, y generó un circuito de dopamina que difícilmente podrás cambiar, a menos que dejes de jugar durante mucho tiempo y luego los retomes con mucho cuidado.

Pero créeme que cuando empieces a estar curado, cuando realmente "podrías" jugar con moderación, tampoco vas a tener ningunos ánimos de volver a tus viejas costumbres, ya que empezarás a ver otras actividades como más apetecibles, más placenteras incluso. Aunque dependiendo de la gravedad de tu caso, eso llevará tiempo y será una evolución progresiva, no obtendrás resultados de la noche a la mañana. Y vale la pena. El desarrollo completo de tu potencial se verá realmente cuando los dejes completamente. La moderación será algo que parecerá permanente, pero debe ser algo pasajero para evitar recaídas.

La cantidad de hormonas que tu cuerpo segrega mientras juegas no depende en exclusiva de tu situación actual o de ese circuito del que te he hablado, sino que: depende en mayor parte de tu mente, y por tanto de tu voluntad.

El cuerpo humano reacciona ante impulsos externos, ya sean psíquicos o físicos. Lo malo de las drogas que se consumen físicamente, es que no se pueden controlar los efectos que estas tienen sobre nosotros una vez ingeridos, y difícilmente podríamos conseguir que una misma dosis de la misma droga nos hiciera una reacción diferente a nuestra voluntad.

El placer de jugar a juegos, en cambio, al ser una experiencia totalmente psíquica y condicionada por la experiencia previa, se puede aumentar o disminuir de forma subjetiva. Incluso puedes borrar de tu mente el placer que te generan los juegos, a través de mucho esfuerzo, dedicación y experimentar el mismo placer o más con un pequeño secreto que te voy a contar.

No sirve de nada esforzarse en "no pensar" en jugar, ya que solo conseguirás tener la tentación de pensar aún más en ello.

El ser humano adora secretamente las prohibiciones. Si a alguien le dices "no pienses en un elefante rosa", instantáneamente tendrá el elefante rosa en su cabeza; es un ejemplo muy simple, pero basta para darnos cuenta de nuestra forma de ser. Si a un adicto le pides que no desee su consola, solo conseguirás que su voluntad se rebele contra él.

En este caso, la única solución para dejar de pensar es dar lugar a otros muchos placeres que sustituyan el de jugar y así sentirte igual o incluso mejor que antes, empezando simplemente por tu voluntad de cambio. Solo por estar leyendo este libro ya estás dando un primer gran paso.

No busques solo un nuevo hobby, busca todos los que puedas y ocúpate en diferentes tipos de ocio. Ocupa todo tu tiempo libre con cosas que te motiven.

Encuentra aquello que haga que tu tiempo pase volando, y no que solo sea divertido para ti, sino que también te haga sentir satisfecho, te aporte un aliciente, un propósito; como ya he dicho no tiene por qué ser una sola cosa, pueden ser muchos nuevos tipos de actividades. En momentos así es importante mantenerte ocupado, y es normal si tienes que tardar varios días o semanas en encontrar tu nuevo estilo de vida ideal.

A mí por ejemplo me sirvió, aparte de empezar a hacer deporte, empezar a leer un buen libro, escribir sobre mi problema y buscar por internet casos similares al mío y ayudarles con lo que aprendía cada día. Estoy seguro de que se me escapan muchas cosas que podrías hacer tú mismo.

Sobre todo, durante estos primeros meses no tengas nada que ver con los juegos. Ignora noticias de juegos, visitar tiendas online relacionadas (*Google Play* y similares...) música relacionada, eventos, comunidades, etcétera...

Tampoco tendría sentido querer dejar los juegos y empezar un hobby relacionado o formación de programación de juegos. Que pasen esas cosas es algo más común de lo que me gustaría admitir porque son maneras indirectas (muchas veces de forma inconsciente) de mantener un contacto con tu vieja adicción y justificar una recaída por "razones profesionales", igual que para alguien que deja una droga no es recomendable volverse traficante, sea legal o no.... Si estás trabajando en algo relacionado y no tienes elección, tu lucha será más dura, pero es posible que lo consigas una vez relativices suficiente las sesiones de juego.

Piensa en todo aquello no relacionado con juegos que te gusta, da igual si no te sale nada a la primera, date un tiempo para asimilar tu nuevo estilo de vida y verás como podrás sacar nuevas facetas tuyas que desconocías.

Incluso, piensa en habilidades que quieres desarrollar: a mí siempre me llamó la atención saber algo de mecánica y electrónica. Con ese pensamiento, recientemente decidí empezar a desmontar aparatos ya rotos para conocer el funcionamiento general y arreglar una bicicleta que estaba a punto de tirar a la basura. Fue uno de los días más divertidos que tuve alejado de los juegos, y no tuve momentos en los que pensar en jugar.

Hoy me encuentro dando vueltas por el barrio con mi nueva bicicleta, satisfecho por el fruto de mi propio esfuerzo y, además, estoy haciendo deporte: me siento orgulloso y feliz por lo que he hecho, mientras me lo paso bien.

Comparto contigo una pequeña lista de sugerencias de hobbies que te añado al final del libro.

Hay personas que necesitan algo de ayuda extra, un feedback constante que solo otras personas afectadas pueden aportar. Son los grupos de apoyo o comunidades donde podrás hablar de tus problemas con total libertad y anonimato. Algunas de estas comunidades hablan en inglés. De todas formas te dejo un pequeño listado con las mejores:

· r/StopGaming[1] - Reddit es una gran red social y funciona a modo de foro de debate (en inglés) y de superación personal. Hay personas (entre ellos yo) que te resuelven cualquier duda que tengas sobre el proceso de dejar de jugar. Esta comunidad es muy buena, y ahora empieza a crecer.

· Computer Gaming Addicts Anonymous[2] - Ayuda para la adicción a los videojuegos - CGAA o Computer Gaming Addicts Anonymous es un sitio web de reunión y apoyo (en español). Para empezar recomiendo contactar al email apoyo@cgaa.info

· OLGA®/OLG-Anon[3] también conocidos como On-line Gamers Anony-

---

[1] En www.reddit.com/r/StopGaming

[2] En cgaa.info/es

[3] Visita olganon.org

mous® - Olganon es un foro del mismo estilo que CGAA en inglés, pero no lo conozco tan a fondo. Solo sé que hay ciertas personas muy satisfechas que han asistido a algunas de sus reuniones. La mayoría de las cuales puede ser por chat.

Gamificación

En las simulaciones el progreso es temporal, porque cuando te cansas de jugar ese personaje desaparece; el progreso se convierte en una ilusión, una mentira. En cambio, la vida real es permanente.

Las experiencias que pasaste con los juegos fueron positivas. Tienes buenos recuerdos y, si tenías las mismas motivaciones que yo, te llenaba la sensación de "progreso" que algunos te aportaban. Pero eso es un fin vacío, sabes en el fondo no tenía una utilidad real en tu vida.

Si estás de acuerdo conmigo, es muy probable que la herramienta que ahora te voy a describir sea clave para conseguir tus objetivos de ahora en adelante. Vamos a aprovechar los conocimientos que hemos adquirido sobre los juegos y los vamos a aplicar a tu vida.

Si has sido un *gamer* asiduo, es más que probable que te hayas encontrado alguna que otra vez con el género *RPG* (*Role Playing Game*). Consiste principalmente en que tomas el control de un personaje y haces que este acumule riqueza y experiencia, lo cual le hace cada vez más poderoso.

Una de las bases que me parece tremendamente aplicable a la vida diaria es el elemento de la experiencia y de los niveles. Nuestras vivencias diarias nos aportan una experiencia real y constante; esa experiencia es parcialmente contabilizable, y un seguimiento de ella a través de los niveles es posible.

No te estoy diciendo que empieces a contar ahora absolutamente todo lo que puedas como ocurre en los juegos. Con el método que te voy a describir a continuación, podrás motivarte para realizar ciertas actividades que te gustaría convertir en hábitos o habilidades que quieras entrenar, por ejemplo; tocar un instrumento.

A este método se lo conoce como *Gamificación*. Esta forma de ver la vida ya la utilizan muchas personas exitosamente, y tiene mucho que ver con el método llamado "*Get Things Done*" (abreviado GTD), que dicho rápidamente consiste en el uso de listas para librar nuestra mente de la responsabilidad de recordar todas y cada una de las cosas que queremos hacer (y olvidamos). Con la gamificación, podemos sustituir perfectamente a los juegos en nuestra vida y crear nuevos hábitos o aficiones que son recompensados con este sistema.

Las listas, así a primera vista, te van a parecer algo inútil o aburrido, pero créeme que es casi como estar en un juego ambientado en tu propia vida y preparar tus propias aventuras o "*quests*". Hay diversas aplicaciones que te servirán para mantener un seguimiento divertido de tu día a día, ya sea intentando mejorar hábitos, dejar adicciones o planificar proyectos.

Mi recomendación es que empieces probando solamente una y te vayas familiarizando con el sistema poco a poco. Luego, si te ha gustado, prueba con sistemas más complicados e incluso complementa varios tipos de listas. Pero evita abusar demasiado o te pasarás más tiempo "jugando" con tus listas que progresando.

Aquí tienes una pequeña lista de las mejores aplicaciones para Android que he usado. Ten en cuenta que el mercado de las aplicaciones va variando con el tiempo, y es posible que hayan surgido nuevas aplicaciones que más tarde podrías buscar.

Antes de decidir por ti mismo cuáles quieres usar, te recomiendo echarles un vistazo rápido a todas y no descartarlas sin probarlas un tiempo. Primero, utiliza las aplicaciones de nivel básico y un tiempo después, empieza a explorar las de nivel avanzado.

Listas de nivel básico:

Trello[4] - Listas totalmente personalizables y muy sencillas, sin elementos de experiencia. Recomendado para hacer seguimiento de proyectos en general. Es la mejor para aclararte las ideas y organizarte. Está en versión web y tiene apps para todas las plataformas.

Habitica[5] - Consiste en listas de hábitos y proyectos con la característica de la experiencia y de tener un avatar con sus niveles, al más puro estilo *RPG*. Recomendado si eras un gran aficionado a los juegos de rol, pero intenta utilizarlo solo al empezar con las listas, ya que en sí es como un juego. Está en versión Web y en versión app para Android. Sin embargo, si ves que no vuelven las ganas de jugar, podrás seguir utilizándolo. De hecho yo lo he usado bastante.

---

[4] En trello.com

[5] En habitica.com

Listas de nivel avanzado:

SuperBetter[6] - Aplicación web que explota la gamificación para ser completamente terapéutica. Tras seguir el tutorial, encontrarás listas de tareas completamente personalizadas a tus necesidades. Incluso hay listas pensadas para dejar las adicciones. Disponible en cualquier plataforma de PC.

Raise the Bar - App para Android que sirve para hacer un seguimiento detallado de tus hábitos y habilidades, con contadores de tiempo o puntos, puntuaciones, checklists y sistema de niveles.

Guru y Kewak - Estas son dos aplicaciones de habilidades que se complementan y he utilizado a la vez por varias razones. Guru se basa en el principio de que para ser verdaderos expertos en una habilidad, necesitamos acumular 10.000 horas de experiencia.

Con ese sistema en mente, se creó esta aplicación, que nos permite hacer un seguimiento de todas las habilidades que queramos, con sus respectivos niveles: hay diversos rangos reales que iremos consiguiendo mediante la inserción manual de horas. Lo malo, es que esta aplicación no cuenta con un contador de tiempo, y hay dos opciones; o cuentas tu propio tiempo manualmente o utilizas otra aplicación que te sirva para eso mismo. Para ello, está Kewak, otra aplicación bastante más simple.

Level Up Life[7] - Si eres alguien a quien le motivaba mucho el tema de los logros, esta web te gustará mucho. Se trata de una pequeña aplicación web en la que puedes registrar logros personales ya predefinidos o introducir personalizados. Mediante los logros, vas ganando niveles y experiencia, que te sirven de referencia para saber hasta donde has llegado en lo que te has

---

[6] Visita www.superbetter.com

[7] Visita lvluplife.com

propuesto. Puedes competir con la comunidad o con conocidos para hacerlo más divertido.

SmartGoals - Aplicación similar a Raise The Bar pero mucho más detallada. Disponible para Android.

Todoist[8] - Mi programa de tareas favorito actualmente, con un sistema de listas muy completo y con recordatorios. Llevo usándolo muchos años. Disponible para todas las plataformas y con un sistema de gamificación llamado "Karma".

Si utilizas alguno de los terminales de *Apple*, yo no conozco cuáles son las mejores aplicaciones, pero tienes aplicaciones a tu disposición un repertorio similar. Algunos que si conozco que son muy usados en iPhone son Todoist y EpicWin (este último, similar a Habitica). Explora y escoge la aplicación que más te convenga.

A todo esto, debes tener en cuenta que estás leyendo un libro, y que las aplicaciones son algo dinámico que va evolucionando y cambiando todo el rato.

Es posible que yo como autor pueda ir mejorando el libro, pero el mercado de apps se va renovando constantemente, así que lo mejor sería que fueras buscando qué novedades en gamificación hay de vez en cuando. Yo mismo lo hago a menudo, buscando novedades, pero entiende que reeditar un libro entero no es una tarea sencilla. Por eso mismo he decidido crear una página[9] donde podrás tener siempre una lista actualizada cada año, con novedades.

---

[8] Busca en todoist.com

[9] Escribe en el navegador: comodejarlosvideojuegos.com/apps

El método Pomodoro

Antes de que empieces a utilizar todas estas listas, hay un sistema que también te ayudará a conseguir optimizar tu tiempo con algunas tareas y te motivará a seguir con proyectos que de otra forma dejarías a medias por falta de ganas. Se llama el sistema Pomodoro.

Antes de nada, debes de tener en cuenta de que el sistema Pomodoro fue diseñado para ser utilizado en cierto tipo de tareas. Evita usarlo en tareas que requieran estar mucho rato pensando o que necesites unos momentos previos para "arrancar", como podría ser en las tareas artísticas o en el diseño de una web, que cuando empiezas de verdad es contraproducente parar en medio de una tarea.

El método Pomodoro surgió originalmente como una técnica de estudio y no es otra cosa que la distribución de tu tiempo de trabajo en franjas de 25 minutos, llamados *Pomodoros*. Entre cada Pomodoro, hay un descanso de 5 minutos para que puedas hacer lo que quieras, y cada 4 Pomodoros tienes un descanso de 10 minutos.

La técnica Pomodoro se basa en la idea de que las pausas frecuentes pueden mejorar la agilidad mental, estarás más descansado, y trata de ofrecer una respuesta eficaz frente al tiempo, en lugar del estado de ansiedad que suele provocar el "devenir" del tiempo. Es una herramienta que recomiendo utilizar cuando se dan las condiciones idóneas.

Para utilizar esta técnica simplemente necesitas un temporizador, pero te recomiendo que utilices la siguiente web: Tomato Timer[10] - que está pensada para esto. Lo mejor de este sistema, es que puedes aplicarlo teniendo solamente un reloj o un móvil con alarma. También encontrarás cientos de

---

[10] En tomato-timer.com

aplicaciones con ese sistema, como Productivity Challenge (la que yo utilizo a veces)

Para que realmente sea eficaz, no te olvides de alejarte de la tarea durante cada descanso y utilizar alguna cosa que te guste para distraerte y desconectar. O simplemente estirarte y cerrar los ojos para descansar más. Siempre obedece a los límites de tiempo; vuelve a trabajar una vez pasados los 5 minutos por mucho que te cueste; créeme, te servirá de mucho. Sobre todo para estudiar frente a exámenes con temas tediosos.

Si lo pruebas y te gustan mucho los *Pomodoros*, siempre puedes utilizar un sistema de tareas que explote este método, como *TeamViz*[11], o las aplicaciones de móvil, como ya he mencionado antes.

Minimalismo

El minimalismo es un sistema de optimización de tus valores y de tus posesiones, que consiste en desechar de tu vida (mental y físicamente) objetos y materiales innecesarios, que pensando fríamente no te aportan realmente nada o que son usados con poca frecuencia. El resultado general de esto reporta beneficios en un mayor espacio tanto mental como físico en la vida de uno.

Parece complicado, pero una vez se entiende el mecanismo verás que es muy sencillo; imagínate que tienes en tu habitación una estantería con 50 libros, de los cuales te has leído, digamos, 30 (normalmente, no son ni la mitad) que no tienes intención de volver a leer, 5 de ellos los has dejado a medias y, digamos, los otros 15 aún están por empezar. Una selección minimalista de estos libros resolvería en guardar en algún sitio lejano o regalar los 30 libros que ya has leído (exceptuando aquel libro que te parece indispensable y quieres releer algún día).

---

[11] En teamviz.com

Luego, puedes hacer lo mismo con los 5 libros abandonados que están ocupando espacio innecesario. Los restantes 15 libros que están por empezar podrían no ser todos ya de tu interés; la gente común no suele leer más de 10 libros al año así que debes tener en cuenta que siguiendo esa norma tendrás, al menos 5 de esos libros, allí durante más de un año sin ser leídos.

Por tanto, lo recomendable acabaría siendo hacer una selección, digamos, de los dos primeros libros que vas a leer, dejar los indispensables (seleccionados anteriormente de los 30 ya leídos) y descartar los demás libros guardándolos en almacenes organizados (donde ponga "libros") o bien regalarlos si ya no te convencen. Acabarías reduciendo la estantería de 50 libros que acumulan polvo a solo 2 o 3, y aparecería mucho más espacio en tu habitación. Esto también podría motivar la lectura de esos libros pendientes, que ya no parecen ser tantos.

Como el minimalismo depende de cada uno, es posible que en este caso algunos minimalistas decidieran quedarse con un solo libro y guardar todos los demás. Esto sería igualmente válido, encontrar tu propio estilo sería cuestión de experimentar.

Aplicar el minimalismo a tu vida diaria puede reportar grandes beneficios inmediatos, como te he explicado, pero precisamente te hablo de este cambio estilo de vida porque podría ayudarte a dejar los juegos. Yo no soy un experto en este tema, pero sí un minimalista, y tengo que decir que el minimalismo en los juegos puede equivaler a dejarlos para siempre o a la moderación.

Si has sido tan jugador como yo, has acumulado muchos juegos en tu ordenador o tu cuenta online de *Steam*, *Xbox Live*, o cualquier equivalente. Imagina que por un momento todo se redujese a un juego. Eso le pasa a mucha gente cuando se engancha a un juego en concreto, así que en el tema de los productos adictivos lo que hay que limitar es la adictividad. Aplicando el minimalismo, es posible.

Tras hacer variedad de pruebas con juegos que no tenían una o varias de las características adictivas que ya he explicado al principio del libro, he llegado a una conclusión que puede parecer estúpidamente obvia pero que es necesario que recuerdes si pretendes volver a jugar algún día y no empezar de cero con tu adicción.

El mejor tipo de juego para no generar adicción es aquel juego que no ha sido diseñado con tal propósito, *y qué juegos han sido diseñados para generar adicción* preguntarás. Pues la gran mayoría de juegos modernos han sido creados bajo una cultura de desarrollo que piensa estos productos con el fin de entretener y mantener interesado al jugador durante la mayor cantidad de tiempo posible. Esto es algo que requiere de elementos adictivos de progreso, extraídos de los juegos de rol, que finalmente generan adicción.

Lo que estoy queriendo decir con todo esto, es que los juegos actuales están sobrecargados de estímulos y características que pretenden mantener tu atención y engancharte. Por lo que el videojuego moderno no es un producto ético para la persona que ha pasado por algo así. Adivina qué nos queda.

Exacto, los juegos anteriores a esa época, lo que comúnmente se conocen como juegos *retro*.

Te estoy hablando de los juegos *arcade* originales, pero no lo que actualmente se cataloga como *arcade* que también está lleno de recompensas y de "desbloqueables" o microtransacciones, para que sigas acumulando cosas y juegues más, sino que me refiero a los juegos en los que había que insertar monedas en una máquina para seguir jugando y, al final, obtener altas puntuaciones.

Es obvio que para algunos este sistema de juego seguirá siendo adictivo y abusarán de ellos; el sistema de progreso y logros existe en los juegos *retro* mediante la puntuación que se obtiene por cada acción que haces. Por eso mismo existían antiguamente las competiciones en *rankings* por completar el juego en el menor tiempo posible o por conseguir la mayor puntuación.

Otras personas experimentan lo siguiente: por poco jueguen, algunas personas más introspectivas experimentan una obsesión mental, que acaban la mayor parte del día pensando obsesivamente en su última partida o en algún elemento del juego, lo cual podría empeorar la adicción.

Nuestro objetivo con la moderación es ir dejando los juegos y hacer que estos vayan ocupando cada vez menos espacio en nuestras vidas de una forma indolora, mientras avanzamos en nuestros objetivos reales hasta que se llegue a un punto en el que nos sintamos cómodos con nosotros mismos y realmente nos sintamos felices con nuestro nuevo estilo de vida.

Para algunas personas puede haber una salida hacia el juego con moderación y por pura diversión, sin dejar de jugar para siempre. Si, además, se aplica el minimalismo (jugar a un solo juego a la vez durante un período como, por ejemplo, un mes) es probable que sea mucho más sencillo de aplicar.

Por tanto, ¿Cómo aplicar la moderación a los juegos?

Selecciona un tipo de juego que personalmente no te resulte adictivo, pero te divierta, por ejemplo; *arcade retro*. Esto, al principio, puede ser difícil de encontrar y te insto a que sigas mi recomendación minimalista.

Lo importante viene primero. Delimita un tiempo al día para jugar, siempre después de haber hecho tus proyectos y tareas productivas, nunca antes. Por ejemplo; antes de cenar, de 19:00 a 20:00

Limita el número de juegos que juegas, aplicando el minimalismo. Por ejemplo; jugar a uno o dos títulos al mes, independientemente de las veces que lo juegues.

Reducir las horas de juego totales que juegas cada mes. Llevar un seguimiento del tiempo, por ejemplo; con cronómetros tal y como se hace en la gamificación, te ayudará a mantener un control.

De nuevo, si ves que lo pasas mal con este sistema y no encuentras tu punto medio plantéate duramente olvidarte de los juegos y llenar tu tiempo de ocio con otras actividades ya mencionadas, tal y como se ha discutido antes.

Mi historia

Para mí, los juegos siempre fueron una agradable fuente de placer a la que me enganché desde muy pequeño; convertí una primera experiencia agradable como era jugar a *Super Mario Bros* en la *Game Boy* en un hábito. Me imaginaba historias dentro del juego, me planteaba retos (como pasarse el nivel en un tiempo récord) o pasarse el juego varias veces seguidas. Incluso, por aquella época, llegué a saberme el juego de memoria. Jugué muchas horas, pero fui perdiendo el interés.

Luego, empezaron las peticiones de nuevos juegos a mis padres, cada vez que tenía la oportunidad de conseguir alguno, mediante regalos o durante visitas a centros comerciales. No siempre me salía con la mía, pero obviamente lo intentaba ya que a través de mi infantil cerebro los veía como un gran tesoro.

Recuerdo muy bien que en cuanto veía una máquina recreativa en los hoteles que nos hospedamos durante las vacaciones de verano, me volvía loco, e intentaba que mis padres me dejasen jugar al menos una partida. Sin embargo, con observar a otros jugar muchas veces ya disfrutaba.

El verdadero BOOM de adicción recuerdo que surgió hacia los 10 años de edad, cuando salió *Pokémon rojo* y *azul* (perteneciente al género RPG). Aún puedo recordar la sensación de jugar por primera vez a estos juegos; el corazón me latía con fuerza y la ilusión me embargaba por completo.

Sentía que tenía un gran tesoro entre mis manos. Y así fue durante al menos un año; jugué día tras día durante horas y horas hasta que me aburrí del juego. Pero ya había establecido un hábito que tenía cada vez mejor solidificado en mi día a día.

Durante mi adolescencia pasé largas tardes jugando con amigos a variadas consolas. Poseí la *Super Nintendo* (*SNES*), la *Nintendo 64* y la *Playstation 2*.

Luego, el ordenador sustituyó a las consolas, y más tarde ahí descubrí los juegos online, para mi desgracia. Precisamente estos fueron los más adictivos.

En concreto, recuerdo muy bien los cientos de horas que dediqué al *Diablo 2*, un RPG en línea. Algunos lo mencionan hoy en día como el precursor de los juegos de rol en línea. Tengo recuerdos muy oscuros respecto a ese período de mi vida adolescente; me encerré en mi cuarto y jugué durante semanas, todas las horas que podía. Dejé de lado mi higiene personal y me aparté de mis amigos poco a poco, siguiendo el ímpetu que sentía de seguir jugando, con la motivación de conseguir uno u otro objeto. Tras esa experiencia, me di cuenta por primera vez que los juegos podían ser muy nocivos, para mí.

Pero eso fue tan solo el principio, aún me quedaba mucho por lo que pasar. No había visto suficiente de momento. Como para siquiera plantearse dejar los juegos. Era demasiado "feliz" jugando.

Pasé años y años jugando a todo tipo de juegos *online* que me encontraba; probándolos con o sin amigos y jugando hasta saciarme o aburrirme. Me enganché a una gran variedad de juegos durante mi adolescencia, con mucha facilidad.

En concreto, recuerdo una época en la que jugué online con a un círculo de compañeros con los que quería entablar amistad expresamente, a uno llamado *Tibia*; era un juego muy cutre, con apenas jugabilidad y unos gráficos en 2D muy penosos. Sin embargo, este juego de rol enganchaba mucho porque si morías lo podías perder todo, y era *online*. Además, conseguir cualquier cosa dentro del mismo representaba un verdadero reto y te hacía sentir una sensación constante de riesgo.

Recuerdo, con ya algo de amargura, como durante esa etapa, si nos encontrábamos fuera del juego solo sabíamos hablar del *Tibia*. Nuestras conversaciones se monopolizaron, y ahí vi de nuevo qué había algo en los juegos que no estaba del todo bien, al menos respecto al hecho de que no sabíamos pensar en otra cosa. La adicción era palpable, pero ninguno de nosotros quiso darse cuenta.

Más tarde, seguí jugando por mi cuenta a todo lo que encontraba y me gustaba. Tengo gratos recuerdos con muchos juegos, de hecho, descubrí lo que hasta hace poco sería una de mis perdiciones; una plataforma de juegos llamada *Steam*.

Steam supo captar mi atención por los juegos. De hecho, hoy en día si me paro a ver mi lista de juegos comprados, poseo más de 350 a lo largo de 6 años, y podría ser peor. La mayoría de personas se creerían muy adictas por tener 20 o 50. Gran parte de lo que ha causado que posea tantos juegos lo explicaré más adelante.

Pasaron los años, seguí estudiando después del instituto. Tuve problemas al pensar en qué quería ser en el futuro. Al principio pensé en ser informático, ya que todo el mundo me lo sugería, al ser tan bueno con el ordenador, pero deseché de seguida esa posibilidad. De lo que la mayoría de personas no eran conscientes, era de que mi habilidad con el ordenador era originaria de mi necesidad de jugar.

Cualquiera que usase tanto diariamente el ordenador tendría una gran habilidad toqueteando cosas, sobre todo si un problema o error te impedía jugar a tu juego favorito. No hacía falta ser un genio para buscar por internet la solución a un fallo del sistema e intentar solventarlo por ti mismo.

Decidí decantarme por el arte, algo en lo que nunca había destacado, ya que mis únicos amigos eran futuros artistas. Como era de esperar, me fue bastante mal. Luego decidí pasarme a estudiar un grado medio de diseño gráfico en el mismo instituto.

Me fue bien, de hecho saqué una buena nota final, pero era un tipo de trabajo que no me llenaba porque no soportaba la idea de trabajar en un ordenador; hoy sé que por aquel entonces evitaba inconscientemente, es decir, sin saber concretamente por qué, utilizar el ordenador en mi futura profesión a sabiendas de que no me convenía.

Al finalizar el curso con buena nota, cuando me puse con pocas ganas a estudiar para entrar en un grado superior en diseño gráfico, conocí mediante un juego a alguien que estaba estudiando psicología. Nos hicimos muy amigos de seguida y me fascinaba todo aquello que me contaba sobre la carrera, así que no tardé en decidirme a encaminarme hacia esa rama, ya que estaba muy perdido. Y en parte acerté, ya que a mí la psicología ya hacía tiempo que me interesaba y me hacía falta. Había leído ya varios libros sobre diversos temas y quería saber más.

Empecé la carrera porque me interesaba saber y la futura profesión sería algo secundario. Obviando el proceso, estudiando un ciclo superior con una rama parecida como era educación infantil, logré entrar en la universidad al fin. Fui a una universidad presencial, aunque previamente se me pasó por la cabeza hacer una a distancia, por la pereza de asistir a las clases presencialmente y quedarme en la comodidad de casa, en parte pensando en poder jugar a juegos todo el día entre clase y clase. Sin embargo un amigo, muy sabiamente, me recomendó la universidad presencial planteándomelo como una experiencia importante en la vida. Le hice caso y me inscribí en la *Universidad de Barcelona*. Si no le hubiese hecho caso, no sé cómo podría haber acabado...

El primer y segundo año fueron difíciles para mí, aunque logré pasar la mayoría de asignaturas sin pena ni gloria, siempre con notas mediocres, que realmente no se ajustaban a mi capacidad real, la cual descubrí más tarde. Por suerte empecé a utilizar métodos de estudio que me sirvieron mucho. Supe complementar a duras penas los juegos con los estudios. Durante esta etapa tuve momentos de obsesión por algún juego que me afectaron gravemente, llevándome a suspender en más de una ocasión y haciéndome perder mucho tiempo y dinero.

Recuerdo como mis conversaciones con otras personas acababan en intentos de sacar el tema de los juegos, siempre con una pequeña decepción al ver que la otra persona ya ni los tocaba.

Debido a la falta de cosas por hacer en verano, mientras trabajaba, empecé una afición con la esperanza de ganar dinero en un futuro, que consistía en grabar videos (o *gameplays)* para colgarlos en internet. Al principio, hacía vídeos de cualquier tipo, grababa lo que jugaba, y luego me fui especializando en el género independiente (*indie*), que no es otra cosa que un juego creado por uno u varios desarrolladores, con la ayuda y aprobación de una comunidad de seguidores y financiadas a través de lo que ahora llaman *crowdfunding*. Tenéis ejemplos de ello en plataformas como *Kickstarter*. En total, estuve unos 3 años grabando vídeos cada semana, en ocasiones representando un gran compromiso personal.

Durante aquella época, a través de varios proyectos y seguidores, conocí a varias personas de mi edad que eran como yo; apasionados de los juegos. Sin embargo, eso no hizo más que empeorar la adicción, ya que me introdujeron a varios juegos, entre otros, a un juego muy famoso llamado *League of Legends*. Ahí empezó otra saga de tardes sin hacer otra cosa que jugar, cuando debería estar haciendo otros deberes de estudiante. Cuando no estaba jugando, estaba hablando con mis amigos virtuales, y cuando no hacía nada de esto grababa vídeos. Si no hacía nada de esto, notaba que me aburría excesivamente, que me faltaba algo y sentía la necesidad imperiosa de volver a jugar.

Grabé un centenar de vídeos, me convertí en un comentarista humorístico de juegos algo conocido dentro de mis círculos. Empecé a recibir mensajes privados de empresas y grupos independientes: que me mandaban sus juegos gratuitamente a cambio de una reseña en vídeo para darles publicidad. Acepté algunas, porque no daba al abasto. Así que ahora "trabajaba" a cambio de conseguir más juegos.

Más tarde conseguí comprarme por piezas, con el dinero de una beca y tras convencer a mis padres de que lo necesitaba para los estudios, un PC *gamer* que tuve que montar yo mismo (sin garantía) porque así me salía por tan solo 300 €. El ordenador funciona hoy en día, así que no fue una mala decisión, pero sí un verdadero riesgo económico para alguien que apenas tiene conocimientos técnicos de informática. Esta compra la hice para jugar a juegos que demandaban un ordenador más potente y poder grabarlos. En concreto, estaba pensando en uno...

Entrando en mi tercer año académico, conseguí comprar, para mi cumpleaños, *Guild Wars 2*, el juego que estaba esperando desde hacía mucho tiempo y que requería una máquina superior a la que había poseído hasta entonces. Así que me lo instalé y empecé a jugar. No creo que haga falta mencionar que volví a estar muy enganchado al ordenador día sí, día también.

Un día, a pesar de que me consideraba una persona muy responsable, debido a mi adicción me encontraba batallando internamente entre jugar a aquel juego y ponerme a estudiar para un examen importante. Ponía por delante jugar a casi todo lo demás; para mí era una prioridad y al estar en un grupo de amigos, era casi una obligación autoimpuesta el estar conectado online, ya que tenía la sensación de que me perdía grandes experiencias junto a ellos o que les fallaba.

Seguí jugando a juegos. Empecé a comprar muchos juegos por *Steam* y a añadirlos en mi catálogo. Debido a que tenía mucha experiencia y me gustaba hablar de juegos porque entendía mucho de ellos, decidí empezar un magazine por internet, que diseñé yo mismo con mis conocimientos de diseño gráfico e informática.

La web la llamé *Indie Locus* (Indie por el género de juegos y Locus porque significaba "lugar" o "centro de"). Esta web consistía en un magazine con pequeños artículos analizando juegos de una forma que intentaba ser completa y objetiva, teniendo en cuenta todos los aspectos del juego bajo mi criterio.

Poco después de empezar, debido a que para la cantidad de artículos a la semana que quería escribir necesitaba demasiado tiempo libre, empecé a contactar con mi círculo de amigos y con otros conocidos para intentar sumarlos a mi proyecto y conseguir más escritores que quisieran conseguir juegos gratuitos a cambio de escribir artículos.

Empezó una etapa en la que no paraban de llegarme juegos nuevos del género *indie*, creaba vídeos con ellos y compartía los juegos con mi círculo social, haciendo artículos sin parar y a la vez jugando a mis juegos de siempre. La revista empezó a ser vista como un magazine de calidad, inclusive competimos con la otra revista de juegos del mismo género en España, aunque bajo mi humilde opinión siempre fuimos una revista algo más amena y cercana al público general.

Todo esto me estaba absorbiendo cada vez más tiempo libre. Hubo un período en el que me planteé vivir de esto, pero la realidad era que no ganábamos un céntimo; nuestros "beneficios" tan solo eran copias digitales de juegos, recompensas a las que aferrarnos a cambio de nuestros elaborados artículos y la publicidad no nos daba nada. Una cosa que me sirvió mucho de esta etapa fue el desarrollo de mi escritura; mejoré notablemente en la redacción a través de la exigencia de mis artículos y probablemente por eso me siento capaz de estar hoy aquí escribiendo esto.

Resumiendo, estuve cerca de un año con encargos y escribiendo artículos muy ocupado. Yo, por la falta de tiempo para estudiar bajé aún más el rendimiento e iba raspando los aprobados en la universidad como podía. Siempre que fuese posible intentaba dejar de jugar para estudiar lo que hiciese falta, pero siempre tenía cosas que hacer respecto a la revista y era como tener un trabajo pero cobrando "juegos". Las vacaciones me las pasaba siempre escribiendo mucho más, ya que mi intención era catapultar la página web y conseguir hacer dinero con la revista.

Estuve hablando con gente que llevaba tiempo en esto de los magazines y me comentaron que estas apenas daban dinero. Yo estaba invirtiendo una suma de tiempo en administrar, diseñar, escribir y un largo etc. a cambio de copias de juegos; simplemente estaba *trabajando para seguir jugando*.

Todo esto lo sabía, y costaba digerir todos estos pensamientos. De alguna forma todas mis sospechas y malos presentimientos tendrían que aflorar tarde o temprano.

Una tarde algo aburrida, en *Guild Wars* 2, tuve una conversación con un amigo que cambiaría mi vida. Estábamos hablando de nosotros; de a lo que queríamos dedicarnos en un futuro.

Yo le estuve comentando a mi amigo que estaba estudiando psicología porque me encantaba conocer más sobre esta disciplina, y que evitaba la informática y el diseño gráfico porque aunque se me daban bien, creía que no me llenaban como profesión y no quería pasarme el resto de mi vida enganchado a una pantalla como hacía con mi hobby.

No sé muy bien cómo continuó la conversación, pero se convirtió en una especie de discusión por lo que yo había dicho acerca de seguir enganchado a una pantalla. Era lógico que esto ocurriese, ya que mi compañero de tertulia quería ser programador de juegos. Cuando le pregunté el porqué, me dijo textualmente

Los juegos son mi mayor pasión. No entendería otra cosa en la que meterme a trabajar que no fuera en esto, así de simple.

Esto me chocó, y vi, aunque no supe expresarlo, que en realidad todos estamos encerrados en nuestro maldito mundo, con nuestros juegos y entretenimientos, pero hay un mundo allá fuera que nunca será descubierto por nosotros, que nos acomodamos en nuestras zonas de confort, en nuestras cuatro paredes... ya que estamos adictos a un simulador que nos apasiona tanto que decidimos seguir creando más y mejores simuladores. Mi caso no era muy diferente, ya que yo simplemente analizaba los juegos para ver si eran más o menos buenos; divertidos o si tenían una historia más o menos interesante y si resultaban adictivos. Era algo similar a un tasador de tabaco o de la "calidad" de la "droga" si tenemos que ponernos a hacer comparaciones.

Todo esto me hizo ver por fin que estaba equivocado. Los juegos en realidad eran tan solo una distracción, un entretenimiento. No puedes decir que algo es tu pasión cuando lo que te conduce a estar apasionado es la adicción, tus faltas personales o el hecho de que no conoces otra cosa que la vida en los juegos. Me negué a aceptar esa realidad hasta entonces, y decidí que tenía que hacer un cambio en mi vida, un cambio muy drástico.

Otro pensamiento que me hizo estallar también fue imaginarme a mi mismo siendo padre, y diciéndole a mi hijo que no estaba bien jugar a juegos, pero dándole el peor de los ejemplos; dejando de lado responsabilidades primordiales como podría ser la alimentación o el cuidado de las criaturas por un simple juego, por pura adicción.

Un padre que se pasaría el día jugando a juegos, enganchado a la pantalla de por vida sin conseguir ninguno de los sueños que tengo. No. No podía tolerar semejante futuro para mí ni para mis seres queridos. Así que decidí que tenía que dejar los juegos.

Durante los días siguientes intenté alejarme todo lo que pude con ese sentimiento de asco hacia los juegos. Cerré mi página de vídeos, borré todos mis juegos, me despedí de mis amigos virtuales que solo me buscaban para jugar, los cuales se extrañaron mucho.

Me despedí, con mi más sincero pésame, de mis compañeros de *Indie Locus* que por cierto tampoco entendieron mi marcha alegando a que tenía demasiada pasión por los juegos y que no era comprensible. No, amigos, la pasión era adicción y mi constancia era parte de mi personalidad.

Empecé a escribir un diario en el que me fui apuntando mi día a día tras dejar los juegos, para al menos tener un seguimiento de cómo estaba, ver si iba a recaer y cuáles podrían ser mis errores.

Recaí unas cuantas veces con juegos poco adictivos, o juegos de móvil que curiosamente no borré. Volví a plantarme y esta vez sustituí el aburrimiento y hábito que me hacía volver a jugar por el deporte; empecé a salir a correr.

Todo me fue bien hasta que un día me hice daño; me lesioné. Intenté buscarme otras actividades, pero nada me llenaba suficiente y volví a recaer en los juegos; conseguía convencerme a mí mismo que unas pocas horas semanales no me harían ningún daño. Pero esas horas sin darse uno cuenta pasaban a ser las habituales. Era lógico, ya que llevaba desde pequeño jugando a juegos y los hábitos que tienes de toda la vida son los más difíciles de romper.

Entonces, empecé a investigar formas de dejar los juegos de verdad, ya que a pesar de mis conocimientos básicos de psicología no tenía suficiente para combatir esta adicción. No encontré realmente nada bueno, así que tuve que reflexionar largo y tendido sobre la forma de conseguirlo.

Finalmente, y tras mucho esfuerzo, he conseguido apartar los juegos de mi vida, utilizando gran parte de lo que te explico en este libro.

Lo que me impulsó a escribir este libro, fue ver que no había un solo libro en español sobre esta temática que estuviese bien escrito y fuese suficientemente detallado y directo. Sin embargo sí que había algunos en inglés que no estaban mal, pero tampoco llegaban a donde quiero llegar yo con mi experiencia; mi intención es que dejes de jugar a los juegos, si de verdad eso es lo que tú deseas.

Primero decidí compartir este escrito con amigos y luego lo convertí en este pequeño libro, mi primer libro.

Otras historias

Aparte de mi historia personal, hay varias historias y artículos que son muy inspiradores, sirven de ejemplo y pueden ayudarte a sentirte identificado. Si quieres echarles un vistazo no te arrepentirás.

- "Como el LoL me arruino la vida..."[12]
- Como dejar de jugar a videojuegos[13]
- Una buena reflexión sobre los videojuegos y su efecto en la vida[14] (en la respuesta de Arturo)
- Otra historia más de un *ex-gamer*[15]
- Miles de historias más que cada día surgen[16]

Otros enlaces de interés:

Visita el blog que tengo sobre esta temática: **comodejarlosvideojuegos.com**. Te soy sincero si te digo que este tema ya no es mi favorito, ya que no me considero experto en esto, sino en mascotas ¡pero he estudiado la carrera de

---

[12] http://www.lolesp.com/foros/league-of-legends/general/como-el-lol-me-arruino-la-vida/517890/?p=1

[13] http://comodejarde.com.es/jugar-a-videojuegos

[14] https://es.answers.yahoo.com/question/index?qid=20130615181224AAxTcfL

[15] http://www.olganon.org/?q=node/19348

[16] http://www.reddit.com/r/StopGaming

psicología y espero que se note! Recuerda que este libro lo escribí durante mi carrera, por el 2015. Actualmente me dedico a otros temas, aunque por petición popular a veces redacto artículos nuevos con nueva información. Quién sabe, tal vez algún día retome este tema tan interesante y escriba otro libro sobre los videojuegos.

Donde sí vas a verme a menudo, es en mi blog personal: **nicolasgutierrez.com**, donde escribo cuando tengo tiempo y uso de central-porfolio para colgar trabajos publicados en otros sitios, aunque la realidad es que actualmente (en 2020) escribo cada día y a veces juego a algo retro o no adictivo, y sigo mi vida feliz y productivo, sin ataduras.

Lista de hobbies

Siempre que te quedes sin ideas para ocupar tu tiempo o buscar un nuevo hobby que ocupe la mayor parte de él, busca y pregunta. También tienes la opción, ya que has comprado mi libro, de tener una lista de hobbies bastante eficaces para llenar tu tiempo.

Los mejores hobbies para dejar de jugar son:

Leer libros que te gusten (por ejemplo, el género fantástico si te gustaban los juegos de rol): Te entretendrá y tendrás una forma de coger un hábito sano, que es leer. Luego será más fácil para tu entrenado cerebro leer todo tipo de temáticas (de no ficción, como las biografías) que te aporten experiencias valiosas y nuevas herramientas a tu vida. Una buena idea es comprarse un lector de *e-books*. Recomiendo el *Kindle*, de *Amazon*.

Aprender a tocar un instrumento: No solamente ocupará tu tiempo, sino que además te dará cierta sensación de logro con el paso del tiempo.

Meditar: Solo pruébalo. Aprende a meditar y practícalo durante varios días. Personalmente es algo que adoro hacer y sin duda me hace sentir renovado. Visita este artículo que escribí sobre esta actividad en mi blog personal[17]. También recomiendo hacer Tai Chi, que sirve tanto como ejercicio físico, arte

---

[17] Ver en nicolasgutierrez.com/como-meditar-descubre-la-esencia-de-la-meditacion

marcial y como forma de meditación, si la meditación sentada no te convence.

Ir al gimnasio: Puede convertirse en un nuevo pasatiempo muy divertido, sobre todo si conoces a alguien que suela ir. Puedes hacer gran diversidad de cosas; desde correr, hacer pesas, yoga hasta a aprender artes marciales, las cuales nunca están de más y pueden convertirse en tu nueva pasión.

Hobbies creativos: Hay una gran diversidad de hobbies posibles, muchos de ellos pueden aportar beneficios a largo plazo: dibujar, pintar, papercraft, origami, carpintería, escritura creativa, etc. Si no eres nada bueno en algo que te gustaría saber hacer, ya tienes una razón para mejorar tus habilidades desde el punto 0, es tan sencillo como eso.

Eventos: Porque no está mal también añadir algo de emoción a tu vida con grandes escapadas. Piénsatelo dos veces antes de negarte. Una escapada con algún amigo o amiga durante un fin de semana a hacer algún deporte puede ser una experiencia que te marque. Algunas de estas actividades pueden ser; ir a caballo, hacer kayak, escalada e incluso tirarse en paracaídas. Todas ellas podrían generar en ti una sensación de éxito. Muchos de estos eventos podrás descubrirlos a través de ofertas de sitios como por ejemplo Groupalia o Groupon (los cuales yo visito).

Créate tú mismo un nuevo hobby: Siempre tienes una gran variedad de cosas por escoger, pero no hay mejor hobby que el que tú mismo te has creado. La mejor motivación es la que viene desde dentro, los mejores proyectos son aquellos que se hacen con ilusión, y podrías empezar un nuevo negocio hoy mismo. Como ejemplo, empieza creando un blog y escribe cosas sobre ti, te servirá también para mantenerte ocupado y con el tiempo es posible que empieces a conseguir visitas.

¿Y ahora, qué?

Felicidades, has acabado de leerte el libro. Te preguntarás qué más tienes que hacer para salir de esta situación que te ha impulsado a adquirir este producto. Mi respuesta es bien sencilla; pon en práctica todo lo aprendido, consulta tus necesidades y etapas de adicción, toma en cuenta los recursos que te he aportado, reflexiona y escribe si eso te ayuda a pensar.

El camino acaba de empezar. Si acabas de dejar de jugar, ahora pasarás los peores momentos... pero llegado el día echarás la vista hacia atrás y te dirás a ti mismo "lo logré".

El libro no te ha dejado de ser útil porque aún te queda lo más importante; explotar al máximo todo lo que te he dado. Aquí hay contenido para luchar durante muchos años y, para dejarlo, no vas a necesitar más que apoyo y algunas de las herramientas que te he dado.

Gracias por leer este libro. Tanto si te ha gustado como no, te agradecería que me mandases un mensaje con tu opinión a mi correo nicolaslibroadiccion@gmail.com, me ayudará mucho a seguir mejorando como escritor y persona.

About the Author

Hola, soy Nicolás, no me gusta hablar de mí mismo en tercera persona así que permíteme dirigirme a ti directamente.

Quiero aclararte que decidí escribir este libro (el primero que publico) allá por el 2015, cuando aún no me tomaba en serio la escritura y no sabía a qué quería dedicarme. De hecho, al principio esto era poco más que un manojo de ideas poco desarrolladas y solo para un uso personal. Reflexiones que no tenían más fin que servirme de terapia a mí mismo.

Actualmente me dedico a la redacción y mi especialidad NO son las adicciones, sino la conducta y el bienestar animal (y, por consiguiente, también el humano). Me encantan los perros y los gatos, y por eso me pasaría el día entero hablando de ellos, aunque entiende que el animal más complejo de toda la Tierra, el ser humano, también me suscite cierto interés, y por eso mismo estoy seguro de que seguiré metiendo mi cabeza en la psique humana, aunque sea de vez en cuando y solo de temas que tenga experiencia.

You can connect with me on:

🌐 https://comodejarlosvideojuegos.com

🔗 https://nicolasgutierrez.com